AF377419

RÉFORME DU CODE DE PROCÉDURE CIVILE

OBSERVATIONS

SUR LE PROJET DE LOI

DÉPOSÉ

*Par Monsieur DEMOLE, Ministre de la Justice, sur le bureau
de la Chambre des Députés, le 19 Octobre 1886*

REVISION DES TITRES 1 A 16 DU LIVRE II

(PARTIE PREMIÈRE)

DE LA TAXE

En matière d'**EXPERTISE**, Article 319 du Code

ET DES

ACTES NOTARIÉS

Loi du 25 Ventôse, An XI, art. 51, Décret du 16 Février 1807,
art. 173

Prix : 50 Centimes

PARIS

IMPRIMERIE CHARLES SCHLAEBER

257, RUE SAINT-HONORÉ, 257

JANVIER 1887

OBSERVATIONS

SUR LE PROJET DE LOI PORTANT REVISION
DES TITRES 1 A 16 DU LIVRE II
PARTIE PREMIÈRE DU CODE DE PROCÉDURE CIVILE

Par décret du 10 juillet 1883, M. le Président de la République institua près du ministre de la justice une Commission extra-parlementaire chargée d'étudier un projet de revision du Code de procédure civile (1).

Au nombre des réformes qui s'imposaient, qui devaient être poursuivies sans précipitation, mais avec une activité persévérante, figurait au premier rang la revision des lois de procédure ; la législation devant constamment reflèter les modifications incessantes des mœurs et des habitudes économiques d'un pays. Or, entre toutes nos lois générales on peut affirmer que le Code de procédure civile est celle qui a gardé l'empreinte d'un état de choses ancien.

Les dispositions qu'il édicte ne remontent pas seulement à 1806. Elles sont tirées, pour la plupart, de l'Ordonnance de 1667 et de la pratique du Châtelet. Quelques améliorations partielles ont été, il est vrai, introduites en 1838, 1841, 1855, 1858, 1862 dans certains titres de ce Code ; mais leur insuffisance ne pouvait que faire sentir, plus vivement peut-être, combien il restait encore à faire pour mettre cette partie de nos lois en harmonie avec notre état économique et social.

En 1862 déjà, le gouvernement s'était ému des réclamations qui se faisaient jour chaque année au sein des assemblées ; une commission avait été instituée pour préparer la refonte des lois de procédure. Terminée en 1868 et renvoyée devant le Conseil d'Etat pour un dernier examen, l'œuvre de cette commission fut même, pour partie, soumise au corps législatif ; les événements qui survinrent en empêchèrent la discussion et arrêtèrent les travaux.

Le mouvement des esprits qui réclame une justice prompte, sûre, réduite quant aux frais autant que le permettent la prudence

(1) Cette Commission se composait de MM. *le garde des sceaux*, président ; le *sous-secrétaire d'Etat au ministère de la justice*, vice-président ; *Ballot*, président de section au Conseil d'Etat ; *Barbier*, procureur général près la Cour de cassation ; *Berton*, président de la chambre des avoués près le tribunal de la Seine ; *Boulanger*, administrateur de l'enregistrement ; *Cazot*, premier président de la Cour de cassation ; *Coeuré*, président de la chambre des avoués près la Cour d'appel de Paris ; *Denormandie*, sénateur ; *Dreyfus*, député ; *Fournier* (Casimir), député ; *Garsonnet*, professeur à la faculté de droit de Paris ; *Gerville Réache*, député ; *Glasson*, professeur à la faculté de droit de Paris ; *Lecler*, directeur général de l'enregistrement des domaines et du timbre ; *Legrand*, avoué près le tribunal civil de Versailles ; *Liouville*, avocat près la Cour d'appel de Paris ; *Loew*, procureur près la Cour d'appel de Paris ; *Loubet*, député ; *Maunoury*, député ; *Munier*, sénateur ; *Perivier*, premier président de la Cour d'appel de Paris ; *Poultier*, juge au tribunal de la Seine ; *Gonse*, directeur des affaires civiles et du Sceau au ministère de la justice, *secrétaire de la Commission* ; MM. *Brossard, Marcillac*, maître des requêtes au Conseil d'Etat ; *Heurteau*, chef de bureau au ministère de la justice ; *Lesueur*, avocat au Conseil d'Etat et à la Cour de cassation ; *Pinchon*, rédacteur au ministère de la justice, *secrétaires adjoints* (*Officiel* du 11 juillet 1883. p. 3548).

et la justice, n'est pas limité à la France. Les peuples voisins nous donnent l'exemple. L'Italie, les Pays-Bas, l'Allemagne, la Belgique, l'Espagne ont revisé leurs lois de procédure ou travaillent à le faire. Le Gouvernement de la République ne pouvait rester en arrière. Aussi l'annonce de la réforme entreprise a-t-elle, dès le début, été accueillie avec faveur.

Bientôt l'opinion publique tout entière a pris intérêt à cette œuvre, et les cahiers électoraux ont été presque unanimes à placer la réforme de nos lois de procédure parmi ces questions essentielles signalées à l'attention de la nouvelle législature.

Ainsi s'exprimait M. Demôle dans le nouveau projet de loi déposé par lui sur le bureau de la Chambre le 19 octobre 1886, et renvoyé à la Commission du Code de procédure civile. Dans ce nouveau projet M. le Ministre de la justice indique les dispositions adoptées définitivement par la Commission, lesquelles correspondent aux titres de 1 à 12 du livre 2 du Code. Elles embrassent, par conséquent, toute la procédure des tribunaux d'arrondissement, depuis la conciliation jusqu'à la vérification d'écritures, et règlent les questions si délicates qui se posent sur les ajournements, les jugements, les oppositions.

Lorsque la commission s'est réunie pour la première fois, le 25 juillet 1883, elle n'ignorait ni l'importance de sa tâche, ni les préoccupations de l'opinion publique au sujet des études confiées à son dévouement. La revision d'un Code de procédure touche à des intérêts divers et de l'ordre le plus élevé : aux droits des citoyens, qui réclament une justice aussi prompte, aussi peu coûteuse que possible ; — aux intérêts du Trésor, qui tire des droits perçus à l'occasion des procès une importante ressource du budget ; à la situation des officiers ministériels. Il fallut donc tout d'abord déterminer l'esprit d'après lequel la réforme serait suivie, la part qui serait faite à chacun des intérêts engagés. L'étendue de l'œuvre de revision entreprise devait être délimitée. Se bornera-t-on à toucher au code de procédure ? Mais la procédure suppose un corps de lois civiles dont elle a pour objet d'assurer le respect et l'exercice : elle suppose une organisation judiciaire préalable, des compagnies de magistrats chargés d'appliquer et de faire respecter la loi, une hiérarchie de juridictions auxquelles compétence est attribuée selon l'importance ou la nature des affaires. Autour des tribunaux se meuvent des corporations chargées à des titres divers de représenter ou d'assister les parties dans les phases multiples des instances.

Placée en face de ces lois préexistantes, la commission s'est demandé tout d'abord quel était son rôle ; elle ne s'est pas reconnu le droit d'entreprendre des discussions et des études nouvelles sur des questions qui avaient été l'objet d'un examen approfondi au parlement pendant plusieurs années.

L'organisation des divers tribunaux laissée en dehors, la commission n'a pas pensé qu'il dût en être de même pour les règles sur la compétence. Ces règles, en effet, se rattachent à la procédure, elles sont soumises à des variations rendues nécessaires par l'évolution u pays. La Commission a donc admis en principe qu'elle résoudrait, au fur et à mesure qu'elles se présenteraient, les questions relatives à la compétence, se réservant toutefois d'introduire en son temps et lieu dans le nouveau Code les dispositions touchant à la procédure civile.

Les formes de procédure que d'Aguesseau appelle « la vie de la loi » touchent par tous les points aux lois civiles. En étudiant un Code de procédure, on se trouve ainsi amené parfois à reconnaître, dans la loi civile, tantôt une obscurité ou une lacune, tantôt une disposition qui ne répond plus aux mœurs et aux besoins du temps. Profondément respectueuse de l'œuvre de 1804, la Commission n'a point pensé cependant qu'il fût téméraire d'étendre jusqu'au Code civil son œuvre de revision, dans les cas extrêmement rares d'ailleurs où il s'y rencontrerait des dispositions de nature à faire obstacle à des modifications de procédure reconnues nécessaires.

Ayant ainsi délimité son œuvre, la Commission, au premier jour de ses travaux, s'est préoccupée d'en préciser l'esprit. Elle n'a pas cru qu'il fût sage de faire table rase des lois de procédure actuelles et d'édifier de toutes pièces un monument nouveau. Il s'agit moins de bouleverser que d'améliorer. Ce qui importe, c'est de simplifier les formalités et de supprimer celles dont l'utilité n'est pas absolument indispensable ; cette réforme peut s'opérer, et. dans une mesure assez large pour donner satisfaction à tous les intérêts en conservant pour cadre le Code de 1806 (1).

Les décisions de la Commission extraparlementaire ont donc porté sur : 1° La conciliation, les ajournements, les constitutions d'avoués et défenses, les audiences, les jugements par défaut et par opposition, la vérification d'écritures, les enquêtes, la visite des lieux, les expertises, etc. C'est de ce dernier article, *les expertises*, et comme conséquence de la taxe en cette matière, et de celle prescrite pour les notaires par la loi du 25 ventôse an XI, article 51, et le décret de 1807, article 173, que nous allons nous occuper.

DE LA TAXE

Aux termes de l'article 17 du chapitre expertise (2) : « La minute « du rapport est déposée au greffe du Tribunal, qui a ordonné l'ex- « pertise. Les honoraires des experts sont taxés par le magistrat « qui a présidé, au bas de la minute, et il en est délivré exécutoire « contre la partie qui a requis l'expertise ou qui l'a poursuivie, si « elle a été poursuivie d'office. »

C'est la disposition formelle de l'article 319 du Code de procédure civile. En procédant à cette taxe, le président ne doit pas se borner à réduire le nombre de vacations, si elles lui paraissent excessives, il doit aussi porter son attention sur la rédaction même du rapport, car par un abus très répréhensible et trop général, cette rédaction est tellement surchargée de détails inutiles, que bien souvent les expéditions de ces rapports sont de véritables in-folio. Ainsi, comme il suffit que le procès-verbal contienne l'énonciation et non

(1) Voir exposé des motifs.
(2) Page 87 du projet de loi.

la transcription du jugement qui nomme les experts et détermine l'objet de leur mission, une description sommaire des lieux contentieux, et enfin leur avis motivé, le président doit *retrancher de l'expédition et laisser à la charge des experts, non seulement tous les rôles qui contiennent des détails inutiles, mais encore les frais de signification de ces mêmes rôles* (1).

Le droit qui accorde au président du Tribunal de taxer les vacations des experts est une attribution spéciale qui est tout à fait indépendante du jugement et qu'il doit seul exercer, lors même que le jugement aurait été infirmé. Mais le président ne doit pas, comme le prétend à tort M. Dalloz (Rép. t. 26, V° frais et dépens, pages 148, n° 452), se borner à taxer les vacations. Il doit délivrer aux experts un exécutoire, parce que ceux-ci ne sont pas obligés d'attendre le jugement du procès pour obtenir le paiement de leurs débours et honoraires. C'est cette opinion que nous allons combattre. Avant de taxer, le président doit s'entourer de tous les renseignements possibles sur l'affaire pour éclairer sa religion. Or, s'il met au bas du rapport sa taxe, il ne peut être édifié d'une manière complète sur la demande souvent exagérée des experts, ainsi que nous venons de le prouver en insérant les dires des parties, etc., et de plus, la partie ne pourrait demander à soumettre des observations sur le mémoire soumis à la taxe, puisqu'elle n'a pas connaissance de la somme réclamée ; et, si elle est admise à les présenter avant la taxe, le président demande une note écrite, la communique aux experts, qui répondent par une autre note dont la partie n'a jamais communication. Le président peut donc encore être trompé par des renseignements erronés qu'il serait facile de détruire, si l'affaire était contradictoire.

Ainsi, un fait identique s'est passé au Tribunal de....., en 1886. Une expertise a été ordonnée, les experts ont visité l'immeuble et indiqué les travaux à effectuer. Le mémoire parut excessif à la partie qui devait supporter les frais ; une demande de taxe fut formée, et en même temps le président en fut informé, avec prière de laisser présenter des observations sur le nombre des vacations réclamées. Le président accepta et réclama une note écrite, laquelle fut remise aux experts. Ces derniers adressèrent leur réponse au magistrat, qui taxa, sans communiquer cette nouvelle pièce du dossier. Les experts, dans ce cas, ont donc deux points contre un, puisque, outre leur mémoire, ils fournissent des explications qui restent inconnues après avoir, toutefois, pris connaissance des observations des requérants. Eh bien, qu'est-il arrivé ? Le président a alloué le nombre de vacations demandées, **20** ! ! Et cependant, des hommes de l'art appelés à donner leur avis sur le nombre de vacations nécessaires pour remplir la mission qui était confiée aux experts, et de plus la rédaction du rap-

---

(1) De Belleyne, ordonnance sur requêtes, page 218. — Bonnescœur, page 218. — Dalloz, V° frais et dépens n° 447. — Boucher d'Argis, page 267 ; cet auteur ajoute même, d'après Mathieu de Vienne (Tableaux de la taxe civ., page 11), que les experts ne doivent pas transcrire dans leurs rapports les dires qui leur sont remis par les parties. Ces dires doivent être *annexés au rapport*, si les parties le requièrent.

port estimaient que **12** vacations pour le tout avaient été plus que suffisantes. Il a fallu s'exécuter ou former opposition à la taxe, mais ce sont encore de nouveaux frais à ajouter ; et dans ce cas, le magistrat taxateur siège souvent, aucun texte de loi ne le forçant de se récuser. Nous aurons du reste occasion tout à l'heure de revenir sur l'opposition à la taxe (1). Tandis que si la loi imposait au président l'obligation d'entendre les parties dans son cabinet, sans frais, comme en matière de référés, puisqu'il y a dissidence entre elles, il statuerait en connaissance de cause, la loi lui accordant une attribution spéciale, et les parties sauraient sur quoi la taxe est basée.

Si nous avons parlé des experts, c'est que le projet de loi de M. Demôle et les délibérations de la commission extraparlementaire ont laissé subsister dans son entier l'article 319 du Code de procédure civile. Mais le mode de taxe étant le même dans tous les cas, c'est-à-dire par le président du Tribunal *seul*, nous sommes amenés tout naturellement à parler des taxes prescrites par la loi du 25 ventôse an XI, article 51, et du décret du 16 février 1807, art. 173.

L'article 51 de la loi du 25 Ventôse an XI a-t-il été abrogé par l'article 173 du décret de 1807 ?

Un mot d'abord sur la législation qui a précédé le décret du 16 février 1807. C'est la loi du 25 ventôse an XI, constitutive du notariat, qui nous a donné l'institution telle qu'elle existe aujourd'hui. L'article 51 de la loi précitée est ainsi conçu : « Les honoraires et « vacations des notaires seront réglés à l'amiable entre eux et les « parties, sinon par le *Tribunal civil* de la résidence du notaire, sur « l'avis de la Chambre et sur simples mémoires. »

Cet article a-t-il été abrogé par le décret du 16 février 1807, dont voici le texte :

« Tous les autres actes du ministère des notaires, notamment, etc., « seront taxés par le Président du Tribunal de première instance « de leur arrondissement, suivant leur nature et les difficultés que « leur rédaction aura présentées et sur les *renseignements fournis* « *par le notaire et les parties.* »

M. Bonnesœur, dans son ouvrage de la taxe des frais en matière civile (2), pense que la taxe de l'honoraire des actes pour lesquels l'article 173 donne au Président du Tribunal un pouvoir discrétionnaire, présente une question de droit absolu et une question de fait, reconnaissant que, pour la question de droit absolu, la jurisprudence a été longtemps incertaine ; mais qu'un arrêt de la Cour de Cassation du 1ᵉʳ décembre 1841 l'a tranchée de manière qu'il ne soit plus possible de la discuter tant que les causes resteront ce qu'elles sont. Ainsi à son avis, pour la pratique des affaires, on doit considérer comme définitivement jugé que le décret de 1807 a abrogé l'article 51 de la loi du 25 ventôse an XI, et qu'en droit absolu le règlement amiable des honoraires entre le notaire et le client n'est plus

(1) Voir p. 14.
(2) Pages 236 et 237.

autorisé, mais en fait il admet que ce règlement amiable est toujours permis, et qu'il est désirable qu'il intervienne le plus souvent possible, non pas avant que l'affaire se fasse, il est suspect à ce moment, mais après qu'elle est terminée. Sur la première partie nous ne sommes pas de l'avis de M. Bonnesœur, et nous dirons avec M. Amiaud (1) que si l'on invoque la jurisprudence qui est contre nous, le décret de 1807 a tacitement et partiellement abrogé les dispositions de l'article 51 de la loi du 25 ventôse an XI (2). Mais la jurisprudence n'est pas infaillible, il n'y aurait plus de science du droit, comme l'écrit M. Laurent, si elle devait plier devant les arrêts; les arrêts changent, les principes de justice ne changent pas. L'argument invoqué par la jurisprudence est donc, selon nous, absolument faux; il est faux en droit et en fait.

Faux en droit. — Quels sont les principes en matière d'abrogation ?

L'abrogation est *expresse* ou *tacite* dit Toullier (3). Elle est *expresse* quand elle est littéralement prononcée par la loi nouvelle, soit en termes généraux, lorsqu'une disposition finale abroge toutes les dispositions contraires, soit en termes particuliers lorsqu'elle abroge nommément telles lois précédentes.

« Elle est *tacite* quand la loi nouvelle renferme des dispositions *contraires* aux lois antérieures, sans exprimer qu'elle les abroge. C'est la maxime : *Posteriora derogant prioribus*. Il faut en faire l'application avec discernement ; car, comme les lois ne doivent point être modifiées ou changées sans de grandes considérations, et, pour ainsi dire, sans nécessité, l'abrogation des lois anciennes par les nouvelles ne doit pas se présumer ; *il faut qu'il y ait contrariété formelle entre les deux lois pour que la nouvelle soit censée abroger implicitement l'ancienne* (4), et que l'incompatibilité soit telle qu'il soit impossible d'exécuter la seconde loi sans détruire la première (5). Par suite, lorsque, entre deux lois, l'incompatibilité n'est pas absolue, elles doivent être entendues, combinées l'une par l'autre (6). »

« Si une loi déroge à un point de *droit commun*, dit à son tour Merlin (7), elle ne peut pas être étendue hors de ses termes précis. L'extension n'en est pas même permise, sous le prétexte que les raisons qui l'ont déterminée s'appliquent *a fortiori* au cas sur lequel elle a gardé le silence.

Toute dérogation au droit commun doit être rigoureusement limitée aux objets marqués par le législateur, et l'étendre à d'autres objets, c'est entreprendre sur les attributions du législateur lui-même, c'est usurper sa puissance (8). Les lois peuvent n'être contraires que dans quelques points seulement et ce n'est que dans ces points que

(1) Tarif général et raisonné des Notaires, page 844.
(2) Paris, 18 mai 1874; Dreux 9 décembre 1859; Cassation 11 mars 1853; Cassation, 1er décembre 1841.
(3) Droit Civil français, T. Ier, n° 152.
(4) Demolombe T. Ier nos 125-126. Cassation, 17 floréal an X.
(5) Cassation, 16 décembre 1829.
(6) Dalloz. Rep. Gen., v° Lois n° 539.
(7) Rep. v° Lois paragr. 11, n° 2.
(8) *Sic* Sébire et Carteret, Encyclop. du droit, v. abrogation, p. 37.

la nouvelle loi déroge aux anciennes. Le silence qu'elle garde sur les autres dispositions de l'ancienne loi, n'est ni une abrogation ni une dérogation, et ne doit pas empêcher d'observer ces dispositions lorsqu'elles ne sont pas incompatibles avec la nouvelle loi. Le silence ne peut être considéré comme une abrogation. C'est même un principe consacré par le droit romain et par la Cour de Cassation que les dispositions des lois antérieures non contraires aux lois postérieures sont censées se trouver dans celles-ci et y être entendues (1).

Ces principes, ajoute M. Amiaud (2), ont été méconnus évidemment par la Cour de Cassation et après elle par tous les magistrats qui ont suivi sa doctrine. Les décrets de 1807 ont-ils expressément abrogé l'article 51 de la loi du 25 ventôse? On ne l'a point soutenu, et on ne pouvait le soutenir puisque les décrets ne contiennent aucune disposition prononçant cette abrogation et nous croyons l'avoir démontré.

Le ministre de la justice lui-même, dans sa circulaire du 22 juin 1822, dit positivement : « L'article 173 du tarif de 1807 n'a point *abrogé mais seulement modifié* l'article 51 de la loi du 25 ventôse an XI, en chargeant le président du Tribunal de la taxe et cette modification n'exclut pas, lorsque des difficultés s'élèvent entre les notaires et les parties sur le règlement des émoluments, l'avis préalable de la Chambre des Notaires (3).

La Cour de Paris, dans son arrêt du 18 mai 1874, trouve cependant les deux dispositions inconciliables « parce que le décret prescrit la taxe de tous les actes, comme une obligation absolue, tandis que la loi de ventôse ne prescrit au contraire aucune limite à la faculté de régler les honoraires à l'amiable. » Nous le répétons, tout esprit sincère le reconnaîtra avec nous, l'article 173 du décret de 1807 n'est pas inconciliable avec les dispositions de l'article 51 de la loi de ventôse ; il n'y a donc pas abrogation tacite de ce dernier texte.

A quelle interprétation complexe, obscure, ambiguë, et susceptible de controverse conduit le système contraire de la Cour de Cassation !

Mais si la taxe est d'ordre public elle doit donner aux officiers ministériels toute garantie et c'est cette garantie qu'ils ne trouvent pas dans la taxe faite par le président *seul*, ainsi que nous allons le démontrer en examinant comment se font les taxes par le président *seul*.

D'abord, le droit de requérir la taxe est réciproque et appartient aux deux parties. L'officier ministériel à qui elle est demandée devrait déposer au greffe son mémoire avec ou sans requête, y joignant les pièces justificatives. Mais généralement l'officier ministériel remet directement son état seul au président. Puis celui-ci,

(1) Toullier, *Loc. cit.* nᵒ 155-156.
(2) Tarif général et raisonné des Notaires, page 846.
(3) Sirey Villeneuve, T. 8. 1. 91. note 1. — Rolland de Villargues, Code du Notariat, p. 461. — Dalloz, Rep Alph., v. notaire, T. 32, p. 591. Conf. Cassat., 17 mars 1829. Dalloz, *Loc. cit.*, p. 686, nᵒ 490 et suiv.

après avoir taxé et souvent sans avoir pris aucun renseignement, renvoie l'état à l'officier ministériel et la partie adverse n'a aucune connaissance du résultat, surtout lorsqu'il y a diminution sur les honoraires réclamés. Nous pourrions citer différentes affaires dans lesquelles sommation a dû être faite à l'officier ministériel pour obtenir le dépôt au greffe. Aucune loi, il est vrai, ne le prescrit, mais le magistrat taxateur remplissant les fonctions de juge de référé doit lui-même en opérer le dépôt. Toute ordonnance de référé étant déposée au greffe, l'état taxé doit l'être de même, pour permettre aux parties de former opposition à cette ordonnance. Car si la taxe est remise comme nous le disons à l'officier ministériel il n'en reste aucun indice sur lequel on puisse baser cette opposition.

Un autre point très important et qui entraîne nullité de la taxe, c'est que les états sont taxés en *bloc*. Or ils doivent être taxés *article par article*, de manière à ce que la partie qui l'a requise puisse savoir sur quels articles porte la diminution.

De plus, des présidents taxent les états tels qu'ils sont présentés sans prendre *aucun renseignement* soit près des chambres soit auprès des parties, et il résulte de ces taxes que les droits de ces dernières sont lésés.

Cependant quelques tribunaux ont pensé que l'article 173 impose au président l'*obligation positive de demander des renseignements* au notaire et à la partie, de faire, en un mot, une taxe contradictoire ; que l'omission de cette obligation rend la taxe *irrégulière et vicie la décision du juge taxateur* (1).

MM. Chauveau et Godoffre pensent que ces tribunaux se sont montrés plus exigeants que la loi (2).

La Cour de Cassation elle-même a jugé plusieurs fois dans ce dernier sens (3), et c'est l'avis généralement admis par la doctrine (4).

Il y aurait donc simplement obligation morale pour le président. Toutefois il est indispensable que les formalités prescrites par l'article 173 soient scrupuleusement observées, et on doit considérer *comme un devoir rigoureux*, pour chaque magistrat taxateur, de s'entourer de tous les renseignements susceptibles de l'éclairer, afin d'éviter de commettre des injustices, soit envers les notaires, soit envers les parties (5) ; comme cela s'est produit dans plusieurs taxes, notamment dans les affaires dont nous allons parler.

Le président est investi par la loi d'un pouvoir discrétionnaire, mais non *arbitraire*, ainsi que le fait remarquer fort judicieusement M. Ruggerts (6) ; car, d'après l'article 173 du tarif, il doit apprécier et fixer les honoraires des actes *suivant leur nature et les difficultés*

(1) Fons., page 298. Rolland de Villargues, *Loc. cit.*, n° 265, Dict. du not., v° honor.. n° 328, Audier, *Loc. cit*

(2) Bourges, 30 décembre 1829 (s. v., 1830, 2, 149); Bordeaux, 14 août 1841 (*J. n.*, art. 14341).

(3) Lefebvre, *J. du not.*, 1865, n° 1972.

(4) Bordeaux, 14 août 1841. Rolland de Villargues, v° hon. n° 266, Dict. du not., *Loc. cit.*, n° 330, Audier, *Loc. cit.* — Fons., p. 298, n° 11.

(5) *Loc. cit*, fons.. p. 298, n° 11.

(6) Comment., t. II, n° 1075.

que leur rédaction aura présentées, et toujours « le plus justement que faire se pourra (1) ». Et lorsque le président ne s'entoure d'aucun renseignement, ne demande aucune explication aux parties, tout est donc dans les impressions et les appréciations personnelles, il ne relève que de sa conviction et des impulsions de sa conscience. Est-ce juste, est-ce légal? Non, et souvent cette appréciation personnelle est taxée soit de rigueur hostile envers l'officier ministériel, dit M. Boucher d'Argis (p. 412), soit même que le magistrat a été mû par un sentiment de jalousie mesquine en voyant qu'en une seule journée le notaire peut gagner plus que le traitement annuel d'un président, sans envisager la responsabilité de l'officier ministériel. Répondre à une telle insinuation serait s'abaisser.

Le désintéressement et l'incorruptibilité de la magistrature française suffisent pour la mettre au-dessus de pareilles atteintes ; mais par suite de changement de siège par les titulaires (juges taxateurs) nommés conseillers, leur manière de voir est tout autre que celle de leurs prédécesseurs. Et si, comme en matière de référé, nous le répétons, les parties étaient entendues, on n'aurait plus à redouter l'arbitraire d'un juge taxateur, ni à compter sur sa bienveillance exagérée.

Nous avons vu que le président est investi d'un pouvoir discrétionnaire, et non arbitraire, voyons maintenant la différence qui peut exister entre les deux mots. L'un, dit M. Bonnesœur (2), dépend de l'appréciation de circonstances extérieures déterminées ; l'autre ne relève que de la volonté de celui qui l'exerce. La remarque de M. Bonnesœur est très exacte, selon M. Amiaud (3), mais nous ne pouvons cependant pas nous dispenser de faire remarquer que lorsque le pouvoir discrétionnaire est souverain (Cassation, 28 juillet 1862 et 10 juin 1865), comme celui du président taxateur (car les appréciations qui en émanent échappent à la censure de la Cour de cassation), il est bien près de devenir un pouvoir arbitraire. La différence n'est plus que dans la forme et dans le mot ; au fond et en fait c'est la même chose. Certaines règles sur ce sujet sont depuis longtemps admises dans la pratique du magistrat taxateur, il ne peut donc les méconnaître, elles préviennent l'arbitraire et peuvent concilier l'intérêt de *toutes* les parties. Et si l'on envisage maintenant la responsabilité imposée à l'officier public, qui n'entre pour rien dans la taxe, quels que soient les soins qu'il a apportés dans la réception des testaments, dans l'examen des titres de propriété pour les placements hypothécaires, ne peut-il pas se tromper ou être trompé ? Cela est malheureusement arrivé quelquefois, et dernièrement encore nous en avons eu un exemple dans ce testament où une erreur de date a fait condamner un notaire à 700,000 francs de dommages-intérêts ! (Arrêt de la Cour de Rouen du 31 mars 1886.)

On dira : « Dès son entrée en exercice, selon M. Maireau (4), il faut que le notaire sache le droit, connaisse la jurisprudence et soit un habile

(1) Ordonnance de Blois, 1579, art. 160.
(2) Page 255.
(3) Loc. cit, page 784, note.
(4) Circ. du Comité des notaires des départements, n° 199, p. 266.

praticien. Mais quelles que soient son instruction et sa capacité à son début, il est tenu, sous peine de s'exposer à des périls incessants, de suivre attentivement les discussions de la doctrine et les décisions des tribunaux. Il ne lui est pas permis d'ignorer si une question de droit reste controversée, ou si elle est tranchée et n'est plus douteuse. Son ignorance pourra le mener à une condamnation certaine.

« D'après la tendance accusée des tribunaux et des Cours d'appel, les notaires ne sont plus seulement les rédacteurs des conventions des parties, ils sont les directeurs et les surveillants des affaires et des opérations de leurs clients. Bien plus, les honoraires attachés à la rédaction de l'acte et à la conservation de la minute, constitueraient un salaire de mandat pour des formalités ultérieures, qui pourraient devenir nécessaires et se répéter pendant un nombre d'années indéfini.

« A ces obligations déjà si lourdes et si difficiles à remplir, les juges ne craignent pas d'en ajouter encore une qui n'est rien moins que surhumaine. Le notaire doit être au-dessus de toute défaillance physique et intellectuelle, il doit être impeccable et même infaillible ; l'idéale perfection est exigée de lui. Quand un autre citoyen commet une faute, les juges examinent sa moralité, sa conduite antérieure, son intention ; et si le résultat de l'examen est favorable, ils lui accordent libéralement des circonstances atténuantes ; pour le notaire, ces considérations humanitaires sont effacées, on lui applique comme une règle générale le maximum de la punition, on le condamne à la réparation intégrale du dommage.

« Cette rigueur excessive est-elle juste, est-elle seulement utile ? Nous sommes dispensés de formuler nous-mêmes une réponse qui semblerait inspirée par l'intérêt personnel ; nous trouvons cette réponse dans les œuvres des éminents jurisconsultes Troplong, Demolombe et P. Pont, dans les travaux de MM. Labbé, Bonnet, et de tant d'autres savants auteurs qui ont examiné et discuté cette grave question de la responsabilité notariale. Tous, sans exception, sont d'accord pour déclarer que les décisions judiciaires sont trop dures et les condamnations trop sévères, et pour en démontrer les conséquences déplorables. Dans ces conditions, nous demanderons respectueusement aux magistrats de consentir à écouter ces voix désintéressées et à tenir compte de ces opinions, qui se sont formées en recherchant uniquement le vrai et le bien.

M. Laffrat, dans sa remarquable brochure en réponse à M. Flandin, procureur de la République à Epernay, reconnaît également que « les notaires doivent savoir et ne doivent ni se tromper ni se laisser tromper. »

« Mais est-ce que tous les hommes ne sont pas susceptibles de commettre des erreurs ? Certes le savoir ne manque pas aux magistrats français, pourtant le législateur a établi plusieurs degrés de juridiction, et nous voyons assez fréquemment des jugements de première instance réformés en appel, et des arrêts de la Cour d'appel cassés par la Cour suprême (1) ».

(1) Des émoluments des notaires, p. 14.

Voici maintenant les taxes sur lesquelles nous appuyons notre thèse, toutes entachées de nullité et en même temps portant préjudice aux parties qui les ont requises.

1° En 1885, le président du tribunal de *** a taxé un état concernant le dépôt d'un testament olographe, *non pas sur l'importance de la succession*, mais bien sur les parts des héritiers et légataires. Or, en admettant ce principe, la taxe ne pouvant être faite partiellement, on ne pouvait déduire les legs particuliers de la totalité de la succession et percevoir un honoraire sur lesdits legs par accroissement. C'est-à-dire que la taxe, pour ces actes, étant assimilée au tarif des ventes judiciaires de 1841, par conséquent sur des sommes décroissantes, en acceptant ce système on percevrait par chaque héritier, sur les mêmes sommes, en prenant l'honoraire le plus élevé. Or, comme on l'a vu plus haut, la taxe se faisant sur la *totalité de la succession et par décroissance de sommes*, les légataires particuliers ne devaient payer les honoraires qu'au prorata de la taxe allouée, et cela est d'autant plus vrai, que, si par suite, la taxe d'un legs particulier était demandée, elle ne serait plus en rapport avec la totalité de la sucession, car on ne peut taxer une partie d'un acte relatif à plusieurs personnes.

Le tribunal de Saint-Quentin, par jugement du 25 janvier 1884, a décidé dans le même sens que les légataires particuliers ne sont pas tenus au paiement des honoraires. Et, d'un autre côté, la Cour de Bruxelles, le 30 juillet 1859, a décidé que les frais et honoraires doivent être supportés dans la *proportion de ce qu'ils recueillent par tous ceux à qui le testament a profité* (1).

Cependant une circulaire du ministre de l'intérieur, du mois d'août 1859, porte que le légataire particulier doit seulement le droit d'enregistrement (art. 1016 C. c.), que les héritiers doivent les autres frais, notamment ceux de rédaction et de conservation de l'acte testamentaire, — car cet acte, ajoute le ministre, a notamment pour effet de rendre les héritiers débiteurs des legs qui s'y trouvent compris. Or les frais qui se rattachent à ces legs constituent une charge de la succession que le débiteur du legs doit exclusivement supporter, d'après ce principe du droit commun, que les frais et le payement incombent au débiteur.

« Ce raisonnement, dit M. Grosse (2), ne paraît pas exact. Il ne s'agit pas des frais du titre libératoire du legs, mais bien de ceux du titre constitutif, et ces derniers frais sont à la charge de la partie à laquelle ce dernier titre profite (art. 1593 C. c.). Quant à l'art 1016, il met à la charge de la succession les frais de la demande en délivrance du legs, mais il ne résulte pas de là que la succession doive payer les frais du titre en vertu duquel la demande en délivrance est formée.

« Au contraire, il est de principe général que le coût des actes doit être supporté par ceux auxquels ils profitent. C'est ainsi, à moins d'une clause contraire, que les frais d'un acte de donation

(1) Voir dans le même sens Trib. de Gap, 3 mars 1885, et de Vienne, 6 nov. 1886.

(2) J. du Not., 1862, n° 1664.

entre vifs sont acquités par les donataires et que l'acquéreur paie les frais de l'acte de vente (art. 1596 C. c.). Sous ce rapport, le légataire se trouve dans la même position que le donataire entre vifs.

« Et si le législateur a mis à la charge du légataire les droits d'enregistrement, c'est parce qu'ils sont la conséquence de la mutation qui s'est opérée à leur profit. Tout ceci démontre que si les honoraires proportionnels et de testament comme les frais de mutation et d'expédition ou extrait de testament, doivent être supportés par les légataires universels et particuliers, chacun pour sa part et portion, la taxe *doit être faite en totalité* sauf aux parties à faire ensuite la répartition.

Enfin cet état comprend en outre : dû au greffier. . . . 25 fr.

A X... avoué.. . . . . 108 50

Et vacation pour requérir la taxe. . . . . 25 »

Ces derniers frais ne peuvent figurer dans l'état soumis par le notaire, attendu que l'article 173 du décret de 1807 ne parle que des *actes des notaires*, et que les frais du greffier et ceux de l'avoué sont soumis à une autre juridiction.

2° Dans un autre état soumis à la taxe par un commissaire-priseur, état ainsi conçu :

Compte de la vente mobilière de X... faite à.... le.... 1864. La vente s'est élevée en principal et accessoires à la somme de 6,864 fr.

A déduire :

Les déboursés pour parvenir à la vente, enregistrement, émoluments d'inventaire et honoraires de la vente taxés par *M. le Président du Tribunal de.... le....* 1866, *y compris la remise proportionnelle sur les objets repris en nature par les enfants, soit* 1,364 fr.

Ainsi voilà un commissaire-priseur qui, non content de la remise allouée par la loi de 1843, réclame la remise *sur les objets non vendus et repris en nature*, et obtient la taxe de M. le président conforme à sa demande sans avoir pris aucun renseignement ni s'être fait représenter le procès-verbal de vente.

Dans un troisième état concernant un avoué, le président du Tribunal de X... a taxé à 235 fr. 83 en 1885 des honoraires pour différentes instances, plaidoiries devant arbitres, intérêts à défendre, nombreuse correspondance au dossier mentionnant l'importance de l'affaire, ces frais ne peuvent être taxés, ils sont à charge de la partie et ce n'est qu'à titre de *negotiorum gestor* que l'avoué a été chargé. Dans le système présenté, il faudrait alors faire supporter par la partie adverse la plaidoirie de l'avocat, les conférences nécessitées par l'instance, etc., etc.

Et dans le même état soumis à la taxe on trouve :

1° Réclamations et correspondance pour *le piano transport* . . . . 15 fr.

2° Assistance à la vente ? . . . . 25 »

3° Payé à X... et Y... pour le *transport du mobilier*. . . 8 »

(Frais déjà comptés dans la note du commissaire-priseur.)

4° Payé à X... pour *emballage*. . . . .   6 »
5° Timbre du présent.   » 60

Certifié exact :

.... le ..... juillet 1885.

Signé : X...

Taxé par nous juge taxateur à la somme de 79 fr. 60 pour les 6 articles ci-dessus.

Juillet 1885.

Le Président,

Signé : X...

Aucun de ces articles ne devait être taxé ; l'article 173 du décret de 1807 ne parlant que des *actes* et non de transport de *mobilier* ni d'assistance à des ventes.

Dans un quatrième état nous trouvons « Droit de recette sur 400,000 fr. et plusieurs voyages à Paris pour lesquels il a été employé trois jours.

« Plusieurs voyages à.... et à.... Travaux préparatoires considérables, conférences diverses, frais de correspondance, soins particuliers donnés aux affaires litigieuses.

« Responsabilité, garde des titres et valeurs notamment pendant la guerre, transport de valeurs en Belgique, ventes et conversions de valeurs étrangères, états dressés et comptes avec divers, 6,000 fr. »

Cet état *a été taxé après homologation de la liquidation tel qu'il a été* présenté et en *bloc* par le président du Tribunal de.... le.... octobre 1883.

Sans demander aucune explication ni pièces justificatives, ni même la liquidation. Or, il contient plusieurs nullités :

La première, chaque article n'a pas été évalué ; la deuxième, *plusieurs voyages*, aux termes du décret de 1807, article 170, § 2, le nombre des voyages doit être indiqué, le droit de recette ne peut être taxé ainsi que toutes les autres opérations contenues dans le détail de cet état.

Le notaire pour toutes ces opérations n'était plus officier ministériel, il était *negotiorum gestor*, et par conséquent ne pouvait en cette qualité réclamer et faire taxer ses honoraires, et il y avait lieu de lui appliquer les principes qui régissent le mandat. (C. c. art. 1372, 1374, 1991, 1992). Ce n'était que par un compte établi et en cas de désaccord devant le tribunal civil, qu'il pouvait réclamer le paiement de ce qu'il prétendait lui être dû. La jurisprudence est parfaitement fixée à cet égard et a toujours appliqué les dispositions formelles de la loi, en la combinant avec les règles du mandat. Le président devait donc rejeter ce long article de sa taxe, ce qu'il n'a pas fait, et a accordé les 6,000 fr. demandés.

Enfin deux états identiques, sauf l'importance des sommes, sont présentés par le même notaire à huit jours d'intervalle, dans l'un le président taxe une quittance pure et simple à 25 centimes 0[0 et dans l'autre à 50 centimes 0[0. On n'a jamais pu savoir pourquoi cette différence.... (Juin 1886.)

Nous pourrions multiplier ces exemples à l'infini, mais nous pensons que les faits ci-dessus mentionnés justifient suffisamment les observations que nous présentons dans ce travail.

Les tribunaux rémunèrent les agents d'affaires beaucoup plus que les notaires. Ces agents d'affaires auxquels il n'est imposé aucune condition de savoir et de capacité, qui suppléent le notaire auquel la loi a sagement imposé un stage préalable de six années dans une étude de notaire, dont une au moins comme premier clerc, et qui, même après ce stage, ne peut être nommé, qu'après avoir obtenu un certificat de moralité et de capacité délivré, après informations et examen, par la chambre des notaires de l'arrondissement où il veut exercer.

Eh bien, veut-on savoir comment se font payer ces agents d'affaires qui sous le nom de jurisconsultes, hommes de loi ou autres, s'occupent de vouloir suppléer et.quelquefois remplacer le notaire? En voici un exemple : Pour avoir procuré un prêt hypothécaire de 400,000·francs, un agent d'affaires, pour sa négociation, réclamait 28,500 francs d'honoraires! Le tribunal de la Seine, et ensuite la Cour d'appel de Paris, par arrêt du 28 juin 1871, lui ont alloué 8,500 francs, plus du double de ce qui eût été demandé par le notaire *responsable* et de ce qu'il aurait obtenu en taxe (1).

Il est donc indispensable de remédier à cet état de choses.

DE L'OPPOSITION A TAXE

On dira avec raison : vous avez l'opposition à taxe si celle du président ne vous satisfait pas, et c'est alors le tribunal qui statue. Cela est très vrai, mais cette opposition à taxe entraîne des frais considérables devant lesquels on recule souvent (2), parce qu'il faut un jugement. Et c'est le cas de répéter ici, ce que nous disions en commençant (3), que « si des améliorations partielles ont été, il est vrai, introduites dans certains titres du Code de procédure, leur insuffisance ne pouvait que faire sentir plus vivement combien il restait encore à faire pour mettre cette partie de nos lois en harmonie avec notre état économique et social.

» Le mouvement des esprits qui réclame une justice prompte, sûre, *réduite* quant aux frais, autant que le permettent la prudence et la justice, n'est pas limité en France », et dans le cas qui nous occupe, au lieu de diminuer les frais on les augmente. Comme le disent très bien M. Audier (4) et M. Amiaud (5), les vérifications à faire par un juge taxateur seraient au moins préalablement examinées par trois magistrats plutôt que par un seul, et on éviterait ainsi une instance judiciaire très onéreuse.

(1) Laffrat, des émoluments des notaires, p. 177.
(2) Lefebvre, *J. du N.* 1867, n° 2172. En Belgique, l'art. 2 de la loi du 18 décembre 1851 exige la taxe avant toute poursuite. Ruggerts, n° 1013.
(3) Page 1.
(4) Journal du not , 1872, n° 2573. Grenoble, 7 août 1874. Audier, Revue du n. n· 4742.
(5) Loc. cit , p. 779.

La taxe est l'application du tarif aux actes reçus par les notaires, c'est la fixation discrétionnaire des honoraires auxquels a droit le notaire qui a reçu l'acte.

L'exercice du pouvoir délicat et important de ce haut arbitrage a toujours été du domaine de la magistrature (1).

L'article 5 de la loi de Ventôse, en confiant au tribunal lui-même la taxe, et l'article 173 du décret de 1807, en l'attribuant au président du tribunal, n'ont fait qu'appliquer les principes admis de tous temps dans notre ancienne législation.

C'est au président du tribunal dans le ressort duquel le notaire a sa résidence, et au *président seul*, qu'il appartient de taxer les actes de cet officier. Il y a là une dérogation aux règles générales du Code de procédure civile (2), mais elle est formellement établie par l'article 173 du décret du 16 février 1807, reproduit page 15 ci-dessus.

En attribuant au président du tribunal la taxe des actes des notaires, la loi n'a pas conféré à ce magistrat le pouvoir de statuer souverainement en dernier ressort ni de rendre son ordonnance exécutoire. « Le président fixe la taxe, comme l'explique très bien M. Bonnesœur (3), mais l'opinion commune, sanctionnée par la jurisprudence, est qu'il ne la rend point exécutoire »; cela tient à la nature de la mission confiée au magistrat taxateur, nature dont il est bien important de fixer les caractères.

M. Vavasseur, dans sa consultation de 1874 (Perroud, ancien notaire à Chartres), dit : « On a soutenu d'abord que le président, constitué juge unique par le décret de 1807, était substitué au tribunal entier désigné par la loi de Ventôse ; qu'il rendait donc une véritable sentence, ordonnance ou jugement, susceptible, dès lors, d'être attaquée par voie d'opposition ou d'appel, en vertu des lois générales sur la procédure.

» Mais où porter l'opposition ? Est-ce devant le président, qui entendrait les parties en leurs explications contradictoires, s'il ne les a peut-être pas déjà entendues ? Veut-on qu'il se déjuge ? Est-ce devant le tribunal ? Mais un tribunal ne peut être saisi par opposition que des sentences rendues par lui-même et par défaut, et la taxe émane du président seul (pièce dont il ne reste aucune trace, lorsqu'il remet l'état taxé à la partie demanderesse au lieu de la déposer au greffe comme nous l'avons démontré).

» Où porter l'appel ? Est-ce devant la Cour comme en matière de référé ? Mais le magistrat deviendrait ainsi juge du premier degré, et la jurisprudence a refusé de l'admettre.

» On tourne donc dans un cercle de difficultés et de tous les côtés on se heurte à quelque règle de procédure.

» Quel est donc ce recours accordé à la taxe du président s'il n'est ni une opposition, ni un appel ? Est-ce même un recours et à quel titre le tribunal doit-il en connaître ?

---

(1) Ordonnance de Philippe IV, juillet, 1304, art. 20 ; Coutume du Bourbonnais, art. 32. Ordonnance d'Orléans de janvier 1560, art. 85. Arrêt de règlement du 4 décembre 1688. Code du not. de Rolland de Villargues, p. 88, 121, 157, 231.

(2) Orléans, 15 mars 1832. Déc. min. de la justice, 15 décembre 1843.

(3) Page 248.

» Si nous étudions la jurisprudence, nous n'y rencontrons qu'incertitude et contradiction ; cependant elle paraît fixée sur deux points :

» 1° Que le *règlement de taxe* (ce sont les termes des arrêts) par le président n'a pas le caractère d'un jugement ;

» 2° Que si les parties n'acquiescent pas à ce règlement, l'action doit être portée devant le tribunal du domicile du notaire.

» Mais où les idées se troublent, c'est lorsqu'il s'est agi de définir la nature de cette action ; la confusion est venue, comme il arrive si souvent, de ce que la question a été mal posée ; on a voulu soumettre le règlement de taxe à l'une des voies de recours indiquées par la procédure ordinaire, et l'on a dit d'un côté : il y aura opposition ; de l'autre : il y aura appel, sans songer que cela pouvait très bien n'être ni ceci ni cela.

» Etant reconnu que la taxe n'est pas un jugement, on doit reconnaître aussi qu'elle n'est susceptible ni d'opposition, ni d'appel, et, dès lors, qu'aucun *recours*, dans le sens juridique attaché à ce mot par la procédure, n'est à exercer contre elle ; si l'on se pourvoit devant le tribunal, c'est par *action principale*, par *instance nouvelle*, prenant naissance à ce moment même, et la taxe est laissée de côté, comme le serait un avis que l'on ne voudrait pas suivre.

» Le règlement fait par le juge taxateur n'a donc pas plus de portée qu'un avis d'un arbitre ou d'expert. Sans doute, avant de saisir le tribunal, il faut s'adresser à lui, mais c'est là simplement l'équivalent du préliminaire de conciliation imposé aux plaideurs, et le magistrat se trouve en quelque sorte exercer une fonction d'arbitre conciliateur, avec celle que remplit en pareil cas le juge de paix. »

« La taxe du président est si bien un acte officieux de ses fonctions, dit M. Ménager (Etude sur le règlement amiable) (1), qu'il n'en peut être délivré exécutoire, comme cela se pratique pour les avoués, huissiers, etc. Il n'en reste aucune trace au greffe ; c'est un document qui a sa valeur sans doute, à raison de la position élevée de l'autorité du magistrat de qui il émane ; mais ce n'est qu'un avis préparatoire, *un avant faire droit sans effet coercitif*, à l'égard des parties, comme à l'égard du notaire. »

La Cour de cassation a décidé formellement, dans le même sens, les 21 avril 1845, 7 janvier 1846 et 15 mars 1847 : « que la taxe des honoraires des notaires faite par le Président n'empêche pas les parties, qui n'acquiescent pas à la taxe, de recourir au tribunal pour faire juger la contestation, *parce que la taxe du Président n'est pas une décision judiciaire qu'on doive attaquer par voie d'appel* ». Malgré ces décisions formelles, le tribunal de Brive a jugé le 10 novembre 1886 (3) que l'ordonnance de taxe était un véritable jugement, en vertu duquel on pouvait prendre inscription hypothécaire. Voici le texte de ce jugement sur cette importante question : « Attendu que Labrousse avait le droit de prendre hypothèque en vertu de l'exécutoire qui lui avait été délivré contre Tallet ;

(1) *J. du Not.*, n° 3894.
(2) Circ. 53, Comité des notaires des départements, p. 41, 6 avril 1870.
(3) *J. du N.* n° 3894.

» Attendu, en effet, que l'ordonnance de taxe est un *véritable jugement* rendu sur production de titres par le président du tribunal, auquel la loi donne à cet effet délégation et attribution spéciale ; que ce jugement comporte condamnation et que l'exécutoire est ce que la grosse est aux autres décisions de justice ; que les deux effets des jugements étant l'exécution par voie parée et l'hypothèque, on ne comprendrait pas pourquoi l'ordonnance exécutoire de taxe assortie du premier serait privée du second ; que ces deux effets, utiles au notaire, le sont encore plus au client, puisque les tribunaux, qui, en admettant forcément le premier, refusent le second, ont été obligés, sous peine de faire aux notaires une situation bien pire encore que celle de simples créanciers chirographaires, de leur reconnaître le droit de former à grands frais, malgré l'exécutoire, une action en justice pour obtenir hypothèque ; qu'aucun texte de loi ne s'oppose à cette solution, qui rentre au contraire dans les termes des articles 2117 et 2133 du Code civil ;

» Attendu, d'ailleurs, que si Labrousse a eu tort de prendre hypothèque, il était en tout cas certainement de bonne foi et qu'il a, dès qu'il l'a pu, réparé sa faute ;

» Par ces motifs, dit que l'inscription prise, etc., était régulière et valable. »

Le Tribunal de Versailles, par jugement du 21 août 1884 (1re Chambre), a déclaré que l'article 173 du décret du 16 février 1807 déroge en ce qui concerne les notaires à la législation antérieure, celle qui résultait de l'article 51 de la loi du 25 ventôse an XI et qui autorisait les règlements amiables, que ledit décret abroge cette faculté et dispose que tous les actes du ministère des notaires devront être taxés.

Le Tribunal de Guéret, le 12 juillet 1832, et la Cour de cassation, le 24 juillet 1849, ont décidé que le tribunal, avant de statuer, doit, surtout si le Président ne l'a pas fait, avant de taxer, prendre l'avis de la Chambre de discipline ; en d'autres termes, cet avis, que la jurisprudence déclare facultatif pour le Président taxateur, est obligatoire pour le tribunal; on se demande pourquoi cette différence ?

Divers auteurs pensent que le juge taxateur qui a fixé les honoraires du notaire et le coût d'un acte peut connaître de l'action portée devant le tribunal en paiement des frais de cet acte, lorsque la taxe est contestée ; qu'il n'y a pas lieu pour lui de s'abstenir.

M. Hennequin écrit dans le *Journal du Notariat* (1) : « qu'il est de règle à Paris, et dans d'autres tribunaux, que le juge taxateur peut connaître de l'opposition formée contre la taxe. La taxe n'est pas, *en effet, un jugement ; elle n'est pas faite parties ouïes contradictoirement ; elle n'est point exécutoire.* C'est un acte extrajudiciaire, et il est généralement admis que les actes de cette nature ne tombent pas sous l'application de l'article 378, n° 8 du Code de procédure civile (2). La question est délicate en présence du texte si précis de l'article 378 ainsi conçu :

(1) 1857, p. 1247.
(2) *Sic* Chauveau et Godoffre, n. 346. Audier précité. Rolland de Villargues. — *Loc. cit* n. 286, fons. page 298, n. 45. Cassation 11 novembre 1833. *Juris. du Not.* art 2253.

« Tout juge peut être récusé pour les causes ci-après :... 8° Si le
« juge a donné conseil, plaidé ou écrit sur le différend ; s'il en a
« précédemment connu comme juge ou comme arbitre, etc. »

Comment ce texte ne serait-il pas applicable au juge taxateur ?
M. Ruggerts (1) fait remarquer avec raison que si le juge taxateur
n'est pas récusable, on peut dire que l'opposant à la taxe n'a que
deux juges, au lieu de trois qu'il devrait avoir, car l'on connaît d'a-
vance l'opinion du troisième. Heureux encore si ce dernier laisse ses
deux collègues discuter librement la question, sans chercher, par
un sentiment naturel d'amour-propre (ou si c'est le président), par
sa seule autorité, à exercer une influence susceptible de modifier
leur manière de voir.

Il serait tout au moins convenable que le magistrat taxateur n'at-
tendît pas la récusation et s'abstînt volontairement de prendre part
à une délibération qui le touche de si près. Sa persistance à siéger
peut nuire à sa propre considération, à la dignité de la justice et à la
garantie d'impartialité qui est due aux justiciables. »

En ce qui concerne les frais plus considérables qu'entraînent les
taxes ainsi faites par le président sans prendre aucun renseignement,
nous allons justifier notre assertion.

Ainsi, dans les états dont il est parlé page 11 et suiv., n°s 3 et 4, il
faut *deux* jugements ; le premier, pour faire déclarer que la taxe ne
devait pas porter sur les articles autres que ceux qualifiés *actes*, et
un autre jugement pour faire fixer par le Tribunal, sur un compte
présenté, les émoluments dus pour ces articles comme *negotiorum gestor* ou *mandataire*. (Art. 1372 et suivants du Code civil.) Ceci prouve
parfaitement que l'opposition à la taxe, dans l'état où elle se présente
actuellement, entraîne des frais considérables, des procès nouveaux
et des lenteurs que l'on aurait certainement évités si le président s'é-
tait conformé au prescrit de l'article 173 du décret de 1807 (2).

Il y a donc lieu de placer ces questions essentielles au nombre des
réformes de nos lois de procédure soumises au Parlement.

CONCLUSION

Il résulte de tout ce qui précède que les taxes des présidents de
tribunaux n'offrent pas toutes les garanties de justice désirables,
ainsi que nous avons cherché à le démontrer.

1° D'abord, l'article 51 de la loi de Ventôse n'a pas été abrogé par
l'article 173 du décret de 1807, il n'a été que modifié ;

2° Les taxes sont faites *en bloc*, au lieu de l'être *article par article* ;

3° Les présidents ne prennent aucun renseignement, soit auprès
des Chambres, soit auprès des notaires, soit auprès des parties, conformément au prescrit du décret de 1807, et si des observations
sont présentées, la partie requérante ignore même la réponse faite
aux dites observations ;

(1) Comment. de la loi de Ventôse, t. 1, n. 1194.
(2) Journal des notaires, n. 14,311.

4° Les taxes doivent être rangées dans la même catégorie que les référés et déposées au greffe du Tribunal, afin que les intéressés puissent en prendre connaissance ;

5° La taxe n'étant pas un jugement, puisqu'elle n'est pas rendue contradictoirement, le président ne peut délivrer un exécutoire ;

6° L'opposition à taxe par suite de la non-exécution des formalités prescrites par les loi et décret, rend onéreuse la demande de taxe (les frais de procédure s'élevant dans une foule de cas à des chiffres excédant celui des réclamations), puisqu'il faut sur l'opposition un jugement rendu par le Tribunal dans lequel siège le président qui a procédé à la taxe, et par suite, *deux juges* seulement sont appelés à statuer, l'opinion du troisième étant connue ;

En ce qui concerne les frais d'appel dont parle l'article 3 de la loi du 5 août 1881, il n'y a aucune analogie avec la situation des avoués puisque le président n'a pas pour taxer un tarif légal et qu'il n'a d'autre mission que *d'interroger les conditions du prix dans lesquelles les actes ont été passés.*

7° Enfin, les loi et décret ont parlé des *actes* et non des faits accomplis par les officiers ministériels comme *mandataire* ou *negotiorum gestor.*

Nous pensons donc qu'il y aurait lieu de donner toute sécurité aux parties dissidentes en assimilant les taxes aux référés, (nous voulons parler de toutes les taxes en général, sauf celles des avoués et huissiers, régis par un tarif spécial), si nous exceptons celles des avoués et huissiers, c'est que le président n'a qu'à vérifier si les divers articles portés sur le rôle, sont en concordance avec le tarif officiel ; la décision devenant alors un titre donnant lieu à l'exécutoire.

Tandis que la taxe du président pour les notaires, n'est qu'une *présomption* du droit du notaire. Ce n'est pas un titre que l'on puisse faire ressortir de la voie parée en principe, et l'exception que nous venons d'indiquer justifie le droit exceptionnel introduit dans l'article 3 de la loi susvisée, et de dire, en ce qui concerne l'expertise, (article 87 du projet de loi déposé le 19 octobre sur le bureau de la Chambre :

La minute du rapport sera déposée au greffe du tribunal qui a ordonné l'expertise. Les honoraires des experts seront ensuite taxés par le président du tribunal, après avoir entendu contradictoirement les parties en leurs explications en chambre du conseil et sans frais, sur convocation par lettre missive.

Le président, après s'être entouré de tous les renseignements possibles, devra faire cette taxe article par article et motiver les réductions qu'il croira devoir effectuer.

En cas de défaut de comparution par l'une des parties, il sera passé outre à la taxe et mention en sera faite sur l'état.

Il en sera de même pour toutes les autres taxes soumises à la juridiction du président, sauf celles des avoués. Toutes lois et ordonnances contraires à la présente disposition se trouvent abrogées.

Et après avoir recopié l'article 173 du tarif, on se référerait à l'article ci-dessus. De cette manière toute garantie serait donnée aux parties, qui pourraient ensuite soumettre la question au tribunal en audience publique, conformément à la loi du 5 août 1881 (art. 3, § 2) si elles n'admettaient pas la taxe et les motifs invoqués. Dans ce dernier cas, le *président taxateur serait tenu de se récuser de droit.*

Si l'on demande que le président motive sa taxe, c'est que généralement, ainsi qu'il a été dit et prouvé, page 8, les taxes sont faites en bloc, et qu'il est impossible de savoir les articles sur lesquels portent les réductions. En laissant au président le soin de taxer *seul* les états présentés et non au tribunal, comme le porte l'article 51 de la loi du 25 Ventôse an XI, notre but a été de nous conformer aux règles des référés. Maintenant toutefois notre prétention que l'art. 51 de la loi du 25 Ventôse an XI ne se trouve pas abrogé, mais modifié par l'art. 173 du décret du 16 février 1807,

Notre demande est confirmée par la loi du 5 août 1881, article 3, où nous disons :

Art. 3. — « La taxe des actes notariés *régulièrement faite,* par le » président du Tribunal donnera ouverture à un exécutoire qui » sera délivré sur la réquisition du notaire par le greffier, etc. »

Les taxes, comme nous l'avons expliqué, étant non seulement irrégulières mais souvemt nulles, l'exécutoire ne peut être délivré.

« En étudiant un Code de procédure, on se trouve ainsi amené parfois à reconnaître, dans la loi civile, tantôt une obscurité ou une lacune, tantôt une disposition qui ne répond pas aux mœurs et aux besoins du temps », ainsi que l'explique M. Demôle dans son exposé des motifs (page 6) et ici dans l'espèce il y a « obscurité et lacune. »

Les observations que nous venons de présenter nous ont donc paru assez graves pour être étudiées avec soin, sans parti pris, sans passion, avec impartialité. La solution preposée peut être contestée, nous ne sommes pas infaillible, mais si nous nous sommes trompé, nous avons voulu expliquer les raisons qui motivent notre erreur, en donner le sens.

Enfin la commission de revision du Code de procédure civile, tout en adoptant le plan général du Code de procédure actuel, s'est réservé de le modifier, supprimer certains titres, intervertir certaines dispositions. Nous avons donc cru, depuis la présentation du projet de loi de M. Demôle, devoir appeler son attention sur une réforme généralement demandée, impatiemment attendue, et qui ne pouvait se produire avant qu'une nouvelle législation intervienne. Aujourd'hui le moment est venu. Puisse notre vœu être exaucé.

PARIS. — IMP. CH. SCHLAEBER, 257, RUE SAINT-HONORÉ